마음자리 그림 마당

마그마란 마음자리 그림 마당의 약자로 마음의 응어리를 그림으로 용암같이 녹여내는 심리 치유의 공간이며 세상 만다라 펼침의 공간이다.

| 김영옥과 함께 하는 프로그램/수강정보

- M정신분석 실제 매달 워크샵 년간 진행
- 꿈분석가 배출
- 국민학습지 특강
- 경영지도자과정 : 지사 카페목적
- 마그마힐링&M분석 졸업전시회
- 마그마숲 책쓰기 프로젝트
- 지도자 역량강화 프로그램
- 마그마힐링 & 만다라 워크북 체험
- 전국민 나산다산다 워크숍
- **마그마힐링 지도자자격 과정**: 1급~3급/전국지사
- **M분석가 과정**: 1단계~3단계
- **M통찰분석가 과정**: 1단계~3단계
- **꿈디자인학교**: 청년/1학기~4학기
- **국민학습지 전국지사 연계**: 서울,경기,충남,대구,울산,포항,영덕 등

| (주)김영옥심리체험박물관

전시회 | 워크샵 | 강의 | 개인분석 | 지도자 배출 | 견학 | 연수

움직이는 균형

움직이는 균형 첫날

원형의 꿈 균형

움직이는 균형 둘째날

균형 잡힌 안과 밖

움직이는 균형 셋째날

내 안에 균형

움직이는 균형 넷째날

사랑스런 균형

움직이는 균형 다섯째날

균형 잡힌 색칠

움직이는 균형 여섯째날

균형 잡힌 생각들

움직이는 균형 일곱째날

균형 잡힌 창조

움직이는 균형 여덟째날

힘있게

움직이는 균형 아홉째날

신간 워크북

| 부정세포 실제탐색 전 5권

| 가을신화 전 10권

| 인생 잘사는 길 전 5권

| 치매예방 전 5권

| 맛을 뺀 정신 전 5권
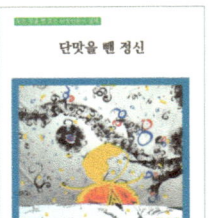

| 축제의 길 전 5권

| 왕의 길 전 5권

| 자유롭게 전 5권

| 치유의 몫 전 5권

| 가치있는 삶 전 5권

기념품 판매

민소매·티셔츠·맨투맨·몽이망토담요·후드집업·몽이가방·조끼·셔츠